나는 한가한 눈사람이고 싶다

나남
nanam

김진희

1952년 경남 산청에서 태어났다.
1977년 《현대시학》에 〈나는 한가한 눈사람이고 싶다〉 외 4편으로
등단했다.

나남시선 82
나는 한가한 눈사람이고 싶다

2013년 1월 30일 발행
2013년 1월 30일 1쇄

지은이_ 김진희
발행자_ 趙相浩
발행처_ (주) 나남
주소_ 413-120 경기도 파주시 회동길 193
전화_ (031) 955-4601 (代)
FAX_ (031) 955-4555
등록_ 제 1-71호(1979.5.12)
홈페이지_ http://www.nanam.net
전자우편_ post@nanam.net

ISBN 978-89-300-1082-5
ISBN 978-89-300-1069-5(세트)
책값은 뒤표지에 있습니다.

나남시선 82

나는 한가한 눈사람이고 싶다

김진희

시인의 말

  일상 속에서도 새로운 것, 신기한 것을 보고는 어린아이처럼 경탄한다. 나의 시詩에는 어떤 경우라도 처량함이라든가 청승맞다든가 하는 이지러진 감정은 느껴지지 않는다. 분방한 감정이 적극적인 자세로 흘러 명랑함을 잃지 않고 있음이 특이하다 하겠다. "나는 고독할 때 날은다 솟는다"에 이르러서는 나는 고독을 함부로 경멸하지 않는다.

  —— 인위적인 것은 천하다.

  마시고 싶으면 마시는 것뿐 거기에는 딴 아무것도 없으니 마치 때가 되면 꽃이 저절로 피고 저절로 지는 것이나 다를 바 없다. 취해서 졸리면 나는 잔다. 솔직한 감동이 아무 기교도 거치지 않고 그대로 흘러서 진상대로 나타남이, 도리어 충실한 생명력이 느껴지는 그런 시詩를 쓰고 싶다.

2012년 12월
김진희

나남시선 82
나는 한가한 눈사람이고 싶다

차례

시인의 말 5

제1부 오늘은 내 시간에 꽃이 핀다

세월 13
그대가 떠난 이유 14
기형도 씨 곁에 있어요 15
새야 오만한 새야 고독이 뭣꼬? 17
모놀로그 19
너는 모르지 1 21
너는 모르지 2 23
장맛비 25
어차피 사랑은 유치한 거라네 27
서울에서 배부르게 사는 김진희 28
실패한 하루 29
나는 이제 한 발짝도 도망가지 못한다 31
사람을 찾습니다 34
파리 한 마리 날개를 표현하다 37

창조욕은 흔한 것이다 38
나는 뭐 하려고 태어났나 40
한낮의 꿈 42
위증도 할 수가 없는 걸 보니 44
오늘은 내 시간에 꽃이 핀다 46
이래뵈도 나는 신神이랑 놀았다 48
어머니 오늘 오후는 참 습기가 많습니다 50
모른다 해라 51

제 2 부 나는 한가한 눈사람이고 싶다

나는 한가한 눈사람이고 싶다 55
살이 돋아날 것 같은 오늘은 57
내 친구 지니는 58
8월 29일 60
성모의 시선에 비친 나는 61
내 사랑 서울 63
뭐가 문제야? 64
너라고 왜 이 세상이 외롭지 않겠나 66
검정 바탕에 검정 꽃무늬 원피스는 환희도 없이 68
정성껏 모시겠습니다 70
나와 부처의 차이점 72

정연한 6월 오전　74
김진희에게　76
욕심 없는 하루　78
1996. 6. 16일 밤　79
고독 대담　80
오월리에 있는 4월　82
어디로 도망을 갈까
—시와 시학회 시창작 세미나에 다녀와서　84
소원이 있다면　86
그대 고민스런 밤입니다　88
영변에 약산 진달래 꽃　91
나는 푸른 시간이 있는 곳을 찾아 간다　93

제 3 부 너는 울었다 햇볕에 탄 일상을 보고

8월의 서슬　97
걸레 너의 자존심은　99
신앙촌표 담요는 파랗다　101
모란이 핀 뜰에서　104
너에게로 가는 길　105
마술을 부릴 수 있다　107
넌 가까이 있어도　109

나는 거짓말 사기를 잘 칩니다　111
모가돈　113
그날 회의장에서　116
너는 울었다 햇볕에 탄 일상을 보고　118
아는 사람이 없다　121
내 안에 있는 그대는　123
아무도 내 무능에 침뱉지 마라　125
꽃을 찾는 사람은　128
절망한 것도 무리가 아니다　130
버릇이다　132
삶의 에센스　134
가짜 기억　136
당신이 좋다　138
나는 압구정동 656-3번지로 가는 길을 모른다　140
화해　142

제1부

오늘은 내 시간에
꽃이 핀다

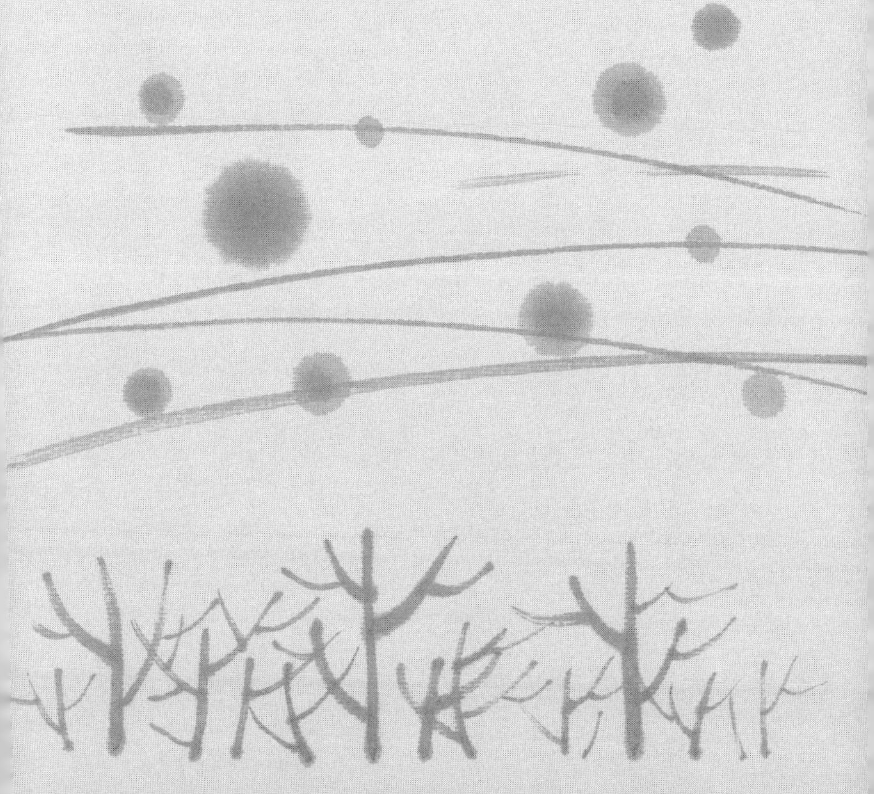

세월

제가 정말 예쁩니까?
산천처럼 곱습니까?
바람처럼 햇빛처럼 말입니까?
싱거운 말씀이라 믿지는 않지만
짐짓
금시 시들어
흐트러졌지요 뭐
흰머리 늘어
실처럼 가늘어졌지요 뭐

그대가 떠난 이유

지금도 생각하면 웃음이 납니다
그것이 죄였습니다
어떻게 생각하면 울음이었습니다
그것이 죄였습니다

나를
알거나
모르거나
그대 믿을 것을
그대는
이미
아득한 시간의 골목으로 사라지고

생각은
몸에 붙어 떨어져 나가지 않습니다
갈수록 심한 웃음
습관입니다

기형도 씨 곁에 있어요

밖은 바람이 많으니
외출 시에는 꼭 외투를 챙겨 입으라고
최근에
젊은 나이 기형도 씨 저승에서 왔지
그리고
탁월한 심각성으로 하는 말
유년에 잘린 허리는 아버지가 원죄였고
지금은 내 탓이오
파리한 입술 털복숭이 누더기 옷
호주머니를 모조리 뒤져도 지갑도 없다
시계도 없다 손수건마저 없다… 나는 아무것도 가진 것이 없다
기형도 씨 물끄러미 나를 바라본다
그의 파리한 입술에
가느다란 미소가 스쳐갔다
… 그리고 그는 나의 싸늘한 손가락을
꼭 잡아주었다
사랑의 충동 앞에 경건한 마음으로

몸을 오므리고 그대의 회상 속으로 가는 것이오
기형도 씨 다음에 또
오늘 들른 동숭동 까페 마로니아에서 술 한잔 할까요
아 참 당신은 술을 못한다 했죠

새야 오만한 새야 고독이 뭣꼬?

새야
나를 더욱 위협해라
목을 조르고 마음을 억누르고
새의 자유
새의 전망
새의 오만
제 3의 것은 경멸해라
멀리 높이 충일에 이르는 길 바로 '대단한' 건강의 조짐이다

    나는 노래 부르고
    내 노래 듣고
    영님이는 흉보고
    나는 담배 피우고 아이스크림 먹고
    영님이 갑자기

    '고독'이 뭐냐고 묻네
    놀래고 해괴해서 빤히 쳐다봤네

영님이 가만히 앉아있네
아 이 차가운 말을…

하나의 '자유정신'
새의 오만

인간적 너무나 인간적이라고?
영님이 웃네
나도
덩달아 습관처럼 웃네
고독이 뭔지 확실히는 모르겠다

  고독할 때 나는 날은다 솟는다
  멀리 높이 충일에 이르는 길 바로 '대단한' 건강의 조짐이다

모놀로그

종일 담배만 피웠어
서서 앉아서
방에서 밖에서
왔다가 갔다가
글쎄 도무지 모르겠어 뭐가 뭔지
울고 있는 건지 웃고 있는 건지
산 건지 죽은 건지
누구에게 세게 맞은 것 같기도 하고
싸움이 끝난 후 난장판의 무력감 같기도 하고
괘씸한 세상!
그 빛은
떠돌아다니는 부모 없는 빛이었다
부랑아
잠시 슬쩍 비춰주고 말 그 빛을 난 오래 간직할
주인 같은 착각을 하면 우대받는다는 기분으로 살았어
믿음 같은 걸 보면서 말야
나는
망연자실 엎어진다 넘어진다

산산이 산산이 깨지는 저 이상한 소리
참 괴이한
공정해지질 않는 현실
유해遺骸 같은 나날
쇼펜하우어 아저씨
당신은 왜 살았습니까?

너는 모르지 1

감미롭고 현란함은
너를 만난
최초의 승리였지

억지로 얼굴을 찡그려
즐거움을 감추었지
가짜 하품을 하면서
선량한 눈빛에
선동되지 않는 척했지

신념 없는
감동을 하면서
아름다움을 공포같이 유지해왔지

훨씬
많이 너를 사랑해도
모자라는

내
몸짓은
어머니 같은 음악 속에 흡수되면서

문득
이상한 건물을 둘러싸고 있는
베일을 보았지

1만 명의 무리가
몰이해를 하고
나는
무능해졌지

너는 모르지 2

잊어버린 듯
흘러버린 듯
산다
죽는다
그렇게 또 죽는다
온건한 사람도
마침내
난폭해지는
이
우직한 그리움
성격은 평정을 찾지 못하고
정당正當 때문에
괴로워진다

너
알기 전부터
순진한 마음 움직이고

일종의 그리움은 취소되지도 않는다

반대쪽 지구에 앉아

너는

무엇에 방해받느냐

다채
고통
매혹
변화로 가득 찼던

세월

구석에서 도취한 채
머물게 될

이성을 두려워하는가?

장맛비

빛과 구름의 공모자
배반자
나는 이러한 의혹에 사로잡혀 잠시 매우 공정하게 행동하지 않을 수 없다
진짜 배반자는 제멋대로 행동할 수 있기 때문에

하늘
마치 통나무가 떨어져 땅을 울리듯
굵은 비가 쏟아진다
뜻밖의 무례를 저질렀을 때에는
증오가 없고 반박이 없는 편안한 양심이라도
갖고 오너라
교활한 심리학자 지붕 위에는 더욱 알맞도록 때리고
숨이 막힌다
비장한 유머가 떠오르질 않는다
기분이 나쁘다
내가 상하기에 충분했던
7월의 습관 장맛비가 온다

상대방을 배반한 순간에 털어놓은 아이러니
장맛비의 배려
빛과 구름의 공모자
배반자

어차피 사랑은 유치한 거라네

황폐한 내 오막살이에
너는 규칙적으로 천천히 움직여
격렬한 춤으로
광란의 색채로
매끄러운 정적으로
몸서리치는 고독으로
퍼득이는 공허로 내게 왔지
5월의 진주빛 정부情夫가
카랑한 목소리로 나를 부른다
햇빛에 반짝이는 기다란 물방울을 떨어뜨리며
내 사랑은 영문모를 웃음을 짓고 있다

서울에서 배부르게 사는 김진희

나폴레옹이야 엘바 섬에서 울든 말든
이마가 흔들리고 볼이 찌그러진다고
조셉에게 수다를 떨든 말든
조세피느도 마리 루이스도 아닌
나는
그냥 서울에서 밥 잘 먹고 잠 잘 자고
이리저리 잘 살면 되는 거다
조세피느
나는 오늘 흰밥 한 공기 반에
돼지고기 삼겹살을 상추에 싸서 배가 터지도록 먹었더니
이제는 잠이 온다
어쩌면 그대들이
황제라고 해도 황후라고 해도
부러운 것은 서울에 사는 김진희일지 모른다

치욕의 얼굴을 붉히면서도 영광을 바라는 욕심 많은 인생
조세피느
나폴레옹 목소리가 들린다

실패한 하루

원래는 우울한 눈이 아니었다
    길을 잃은
    너를 잃은
시간이 노랗게 빗나간다
어제
오늘
내일
일기예보는 오늘도 많은 양의 비는 없단다
기나긴 회복기 같은
중간 상태 같은
돋보이는 유쾌가 없다
멀리 끌고 가면 더욱 빗나갈 것 같은
희망은
꺼져버린 오후의 분수 같다
하루
감동 없는 회상
재빨리 건강을 가장한다

빛과 태양의 행복감으로
부드러운 경멸로 전망이 오만하다
    창백
    연약
    상실
오늘도 하루를 실패했다

나는 이제 한 발짝도 도망가지 못한다

네가
돈이니
밥이니
아무것도 아닌 것이
내게로
와
어느 날
팔꿈치로 머리를 치면서 노예처럼 매어 두었니?

무슨 귀하신 몸이라고
네가
별빛이니
태양이니
희미하기 그지없는
보석빛이라도 되는 거니
장관님이 데리고 다니는 바보들이라도 되는 거니

아무리

내가
노예랄지라도 도망갈 생각만 내면
어디
훌렁
도망갈 수 있어

나는
노예
단 한 사람이 몸에 감고 다니는
사슬과 발고랑을 만드는 데
사용된
금과 은

나는
결혼한 후
너를 떠나지 못한다
어떤
결점을 발견해도

해소는 오직 죽음으로써만 가능하다
시는

사람을 찾습니다

검은색 롱코트가 유난히 잘 어울리고
소주를 좋아했고
나를 사랑했고
담배는 줄곧 디스를 피웠고
성격은
파악할 수 없는
극劇적인
미신 같은
이런 사람을 찾습니다
이 사람을 찾아 주시거나
거처를 알고 계시는 분은
연락주시면 후사하겠습니다

서울
어디를 가면
러시안 하우스?
프리 타임?

너를 만날 수 있을까
나는
네가 보고 싶다
너는 소띠였고
뱀띠였던 나는
너보다 훨씬 나이가 위였는데도
행동이라곤 개밥 같고
철없기론 치매 환자 같지 않았냐

그런 나를
그래도
괜찮아
괜찮아
하길래
그 마음 다 믿었지

그러했던
내가

싫어
가버린 거지
회의에 압도당한 거지

그러나
사랑과 미움에 속박되지 않고
즐거이 빠져나와
느끼는
나의
푸른 자유 같은
포만의 순간

그래
잘 가라
검은색 롱코트

파리 한 마리 날개를 표현하다

감옥 같은 질환의 나날은 유난히 느릿느릿 움직여
내게로 와 해쓱 여위고 까맣게 타고 있다

    가끔
    사는 것을 멈추고 싶은 날은
    시퍼런 낮잠이나 자둘까?

구멍나 바람 일렁이는
사뭇
음산한 천장 위로 파리 한 마리가 생명을 기원하다
과감하게
날개를 표현한다

너만이 이해할 수 있는 생활이 아직도 생생한
푸르름과 애무와 봄의 힘을 가지고
네 앞을 비추라고
그러나 조심해
가련한 파리야
희망을 버리지는 마라

창조욕은 흔한 것이다

저 깊은 예술적 기분에의 전환이 없고
속 깊이 흥분한 심정의 울림이 멈추지 않았다면
우면산은 그저 한갓 산이거나 풀밭쯤으로 남아있었으리라
거기 가만 있거라
눈을 더욱 지성화해서 이전의 색채나 형태의 기쁨이라고 부르던 것을 훨씬 넘어서서
내 정신의 도처에 너를 박아 놓고
나는 낱낱이 그리고 그리고
너를 작살내고야 말 것이다
나는 기분이 들떠서 웃는다
창조욕은 흔하고 흔한 것이다
나는 우두커니 앉아 있다
9월부터 미술 초급반에 들어가기로 했다
시 창작 회원 여러분 조금만 기다리십시오
초상화 한 점씩 다 그려드리겠습니다
포부가 좀 크고 생경한가요?
쥔가요 뭐?
예술의 전당 마당은 지금 담배 피우기 좋은 시간이다

한 개비 피우고…
냉정하고 침착해져서 집으로 돌아간다

나는 뭐 하려고 태어났나

10월 18일 오후 2시
낡은 시계종이 웅얼거리는 소리를 들으며 잠에서 깨어난다
삶이 나의 기를 꺾지만 않았던들…
인간적인 해석으로 나를 괴롭혀서는 안 되지만
다행한 발견이 지금 이루어지려는 것 같다
나
진짜 왜 태어났나?
갑자기 고문을 하자는 건가 뭘 하자는 건가 심심한가?
글쎄 아무리 곰곰이 생각해봐도 내가 태어나야만 했던 이유 그 이유에 대해 썩
잘 맞는 이유가 없다
혹 내가 어머니 뱃속에서 그리 멀지 않는 나라인 대한민국을
마카리아쯤으로 알았을까?
훌륭한 임금이 살고 계시는 줄 알았을까?
뱃속은 답답하고 어둡고 무서워서
인간 수 채우는 게 급해서

돈을 한번 몽땅 벌어 보려고
아 아무것도 이유가 안 된다
어제보다 더 썰렁해진 이 골방에 앉아 시를 쓰려고
아니다 아니다
나를 다스릴 줄 모르는 무능을 스스로 폭로하는 것밖에
변덕스럽고 방자한 고집이나 부리면서
울려고
웃으려고 왔다

한낮의 꿈

가라
가라
평생 사랑하고
평생 미워하고
평생 성실하겠다고
약속한 것 없다

나도
어디로 어디론가
네가 없는 곳
지옥이라도
그곳은 소나무 밑 그늘이 있는 천국이 아닐까
그곳으로 가고 싶다

오래도록
나를
습격해 온 희망은
최대 불행이었다

그때는
반대하지 못하고
언제나 '그래'였지
언제까지 변함없다
인상도 보냈지
불행이라는 날개를 가진 생물도 같이 날아 올리면서

사랑은
한 다발 집어던진 장작불이었나
어리석다

위증도 할 수가 없는 걸 보니

의견이 풍부한
산맥이나 숲의 선 같은
시는 나의 건강 같은 것이다

다리에는 날개가 돋치고 가슴은 더욱 편안한
완만한— 긴 호흡
아버지와 아이가 다 안녕하신가 보다
위증도
할 수가 없는 걸 보니
아하
보통 기질일 뿐
나는 이미 뛰어난 영혼의 기록에선 지워져 있다
환멸이 올지도 모르겠다
나체로 밖에 나가 바람이 휘몰아치는 곳을 여기
저기 돌아다니다가
가장 귀중한 발견 하나
시詩 한 줄 명확했음 좋겠다
감탄사를 외치면

오오 나의 생기여
지금 나는 아무 말도 안 한다
불안이 심해진다

오늘은 내 시간에 꽃이 핀다

거의
접촉할 수 없는
기억 속에만 도사리고 있던
정적
얼마나 뜻밖의 전율인가
얼마 만에 차지한 나 혼자인가
나를 찾는 소리가 없는
이름을 알고 있을 필요가 없는
꼿꼿한 자세로 단정히 서 있던
너도 없다
희생이 없는 조용한 하루
다시금
생명을 향해 돌아선 쾌유 같다
어깨를 흠칫하고 일어나
연기에 그을린 담배 한 대를 물고 뜰을 나서본다
 수국 옆에 심어둔 수선화 한 포기가 이맘때면 인정스레 싹이 오르는데…
 아직 이른가

온화한 감정이 여러 군데로 나를 끌고 간다
부산에 계시는 아버지는 어떻게 지내시는지?
어머님이 돌아가신 후로
슬하膝下는 늘 쓴 약맛 같은
생매장 같은 세월이시다
아버지
여식도 제 생활에 바빠 자주 찾아 뵐 날이 없습니다
저도 아버지 곁이 그립습니다
전화벨이 요란스레 울린다
누굴 찾는 전환가
늘어뜨린 옷자락 같은 햇빛 속으로 해방이 걸어 나와 말을 건넨다
"아껴 복용하세요."
정적이 웃는다
나도 같이 웃는다

이래봬도 나는 신神이랑 놀았다

목줄마저도 까맣게 타 들어가는
쎈
술 한 잔 마시고
머리는 잘라 생각할 수 없게 하고
깨끗이 샤워나 하고
조용히
권위가 없고
요구가 없는
전통으로부터 이탈한 채
좋은 식사 같은 좋은 잠이나 잤으면 좋겠다

신神이여
사랑도 없고 희생도 하지 않는 자유로운 잠
그런 잠을 좀 주세요
정신박약은
희망에 찬 유일한 안식입니다
좋은 솜씨로
이왕이면 먼지도 좀 해결해 주십시오

그리고
시바스리갈엔 웬 맹물을 탔습니까
통째로 마셔도
맹물이라 괴롭습니다

머리털을 쥐어뜯고 가슴을 때리는
괴로운 바람소리에
이 밤도 공평한 밤을 기대하기란 회의적입니다

오! 나는 아직도 살아 있습니다
고맙지가 않습니다

어머니 오늘 오후는 참 습기가 많습니다

편안한 삶 그저 아무 탈 없이
가장 편안한 양심을 갖고
어린애들과 지내는 방식으로 살고 싶습니다
어머니
사랑을 받는 일도
미움을 사는 일도
앞서거니 뒤서거니
옳다 그르다
그 모든 것을 해결할 힘도 놀라운 의지도
불꽃같은 절망도 없습니다
상징 도취 애매함 황홀 등을 즐기는
것을 경멸하지 않으렵니다
바람이 불어 허랑하게 쏘다니는
나뭇잎을 여름 같은 기분으로 보렵니다
어머니
난
어린애들과 지내는 방식으로 살고 싶습니다

모른다 해라

김진희를 물으면
모른다 해라
꼭 모른다 해라
훨씬
후에도 모른다 해라
웃어 넘겨야 하는
하루가
무시무시하다
천천히
조금씩
죽을 수 있게
모른다 해라
나
그동안
긁어모은 이름들이
아무래도
무시무시하다

김진희를 물으면
모른다 해라
꼭 모른다 해라

제2부

나는 한가한
눈사람이고 싶다

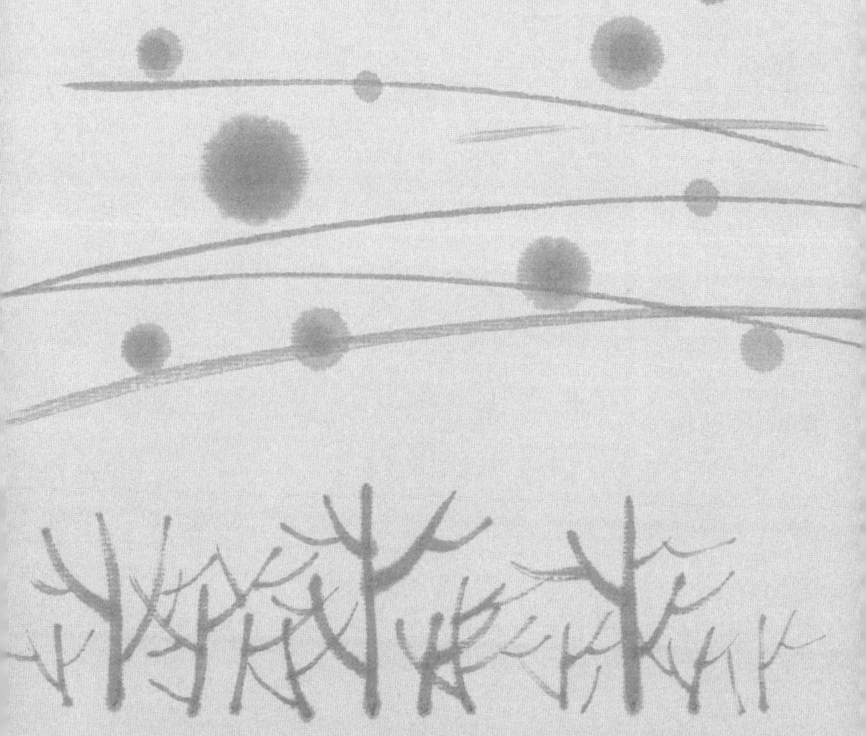

나는 한가한 눈사람이고 싶다

혼자
괴로워하면서
조용히 앉아
햇볕을 쬐는 것을
나는 얼마나 좋아하는가
해방의 수수께끼
오랫동안
존경했던 모든 것을 버리고
이렇게 멀리 떨어져
혼자이지 않는가
연약하고 우울한 건달처럼
줄곧
나의 집
내 속에 갇혀
모든 강제로부터 해방된
목적이 없는
갑작스러운
빛을 쬐고

자유
이제 모든 것을 반대하지 않는다
나는 한가한 눈사람이고 싶다

살이 돋아날 것 같은 오늘은

격동의 기쁨이 있는 실업의 한낮 내 방은 신달자의 물위의 여자
전국노래자랑이 흩어져 있고 먹고 남은 과자 몇 조각도 쓰러져
질서를 깬 부분의 자유다
내 성격은 카리스마적이질 않아 좋다
여사원 미스 김 결혼식으로 그는 진주에서
1박의 상식에 충실할 테고 일상 밖에서 얻은 휴식은
좋은 운명의 향기 같다
초봄의 하늘은 포근하고 청순한 앳된 신부의 웃음 같다
문 닫고 누운 조용한 공간에 괜찮은 식상을 느낀다
연속될 수 없기에 희망은 앓고 있고

하얗게 돋아난 살은 한 조각의 파편으로 절망할 것인가

내 친구 지니는

내 친구
지니는
시금치나 온순하게 데치고
배춧국이나 순정처럼 끓이는
코리아 노스탈쟈 스탠다드였소

그러던
그가
어느 날
보들레르를 만나고
데카당스를 듣겠다고
그물 같은 옷을 입고
월요일마다 없어졌소

3년 후
꼴이라곤
늘어진 빤스 고무줄처럼 헐렁한 눈으로
국적 불명의

괴상한 헛소리를 지어내기도 하고
인생은 반풍수로 살아야 여운이 있다나요

술도 마시고
버지니아 슬림 담배부스러기는
천상의 가련한 사이비 시인인 듯도 하였소

내 친구
지니는
자꾸 헛기침이 난다고

수소가스가 가득 찬 풍선을 사러
월요일마다
없어졌소

8월 29일

펄쩍 뛰며 기지개를 켠다
명료한 무료가 날카롭게 벌레소리를 낸다
재난을 겪듯
네 생각이
텅 빈 장소에 멈춰있고
548-9130이
뇌 속으로
숨어들어 내가 또 비틀거린다
오늘은
아무래도
나를 만족시키는 환희는 없을 것 같다
과도한 권태가 깃털을 세운다
밖으로 나간다
거리의 빛을 받을 수 있을까
밖엔 비가 오고

성모의 시선에 비친 나는

성모
당신의 시선에 비친 지리멸렬한
나
그래도 마지막으로 당신이 환영해 줬으면 좋겠습니다
죽은 자 또는 신적인 존재와 이야기하고 싶다는 건 일종의 기묘한 쾌락일까요?
성모
선전포고를 하고
피비린내 나는 격전은 나를 괴롭혀 줄 뿐 아니라 큰 수치라 생각합니까?
전쟁도 안 하고 속이지도 않고 정정당당한 설득공작의 힘 그것은 염원입니까?
인간만이 사용 가능한 방법입니다만
나는 이리떼 개 흉악한 짐승이 되어 있습니다
완력만 가지고 싸우고 있습니다
정당한 요구가 수락되지 않아 부득이 전쟁을 하게 되는 경우에는 상대방이
다시는 나를 상해할 엄두도 못 낼 만큼 철저히 응징하

는 것입니다
　성모
　죽음을 맞듯 모든 연을 이제는 놓고 싶습니다
　영광이나 명예 따위를 획득할 목적으로 전쟁을 일으키는 건 절대 아닙니다
　'속이지도 않고 정정당당'함을 강력히 요구했던 것뿐입니다
　성모
　이렇게 날뛰며 개망둥이처럼 살고 있습니다
　이래서는 안 될 건데요
　안 될 건데요
　성모!

내 사랑 서울

서울의 거리는 턱턱 넘어지는 정밀한 오전이었다
앰뷸런스 한 대가 여지없이 제비같이 하늘로 나른다
상류사회 화장실에서
열등감은 적어도 따끈한 양배춧국이 생기를 자극하고
참을 수 없는 공복은 뿌듯한 희열이다
모험 같은 무거운 거리에서
눈꽃 같은 보드라운 사람들의 입김도 이상한 기쁨이다
하늘을 비집고
땅을 비집고
건물을
창을
거리를
입을 비집고 나선 동료 스캔들 씨는 누구의 충혈된
눈에서 우리를 화해시킬 것인가
너는 알고 있느냐

뭐가 문제야?

잠깐만 실례할까
김진희
뭐가 문제야?
힘없는 두 팔과 물에 젖은 삶은 마음으로부터 한없이 피곤하다
머리를 쥐어뜯으며 매일 오후를 왼손 손바닥 위에 얹어 놓고 쉴 새 없이 지쳐버린다
자꾸 비실비실 뒷걸음을 친다
그렇다
웃어넘길 일이 아니다
부탁 좀 하자
내가 사랑한 것
내가 기약 없이 내맡긴 모든 것이 시들어 부서져 간다
가냘픈 목소리는 거칠다 못해 쉬어버렸다
목소리가 왜 그래?
김진희
뭘 도와줄까
드디어 실신하고 말았다

내가 얼마나 거대한 괴물로 보이는가?
지금 시선을 교환하고 있는 것은 너도 아니고 나도 아니다
어떤 희생 같은 것 …
나는 높고 안전한 나뭇가지 위에 그대로 앉아 있고 싶다
나의 힘을 인정해줘
이윽고
죽음이 다가와서 이 불길을 향해
그 싸늘한 넓은 날개를 퍼득거리리라
그렇게 되면 누가 알랴?

너라고 왜 이 세상이 외롭지 않겠나

사람이 죽고
새가 울고 시계가 멈추는 어떤 날 밤만 외로웠던 건 아니다
매우 인간적인 크고 작은 동기가 허다하게 혼합되지 않을 때도
나는 외로웠다
무엇이 제거되면 순수한 금속으로 혼합될 수 있을까
무無와 같은 물 한 방울에 지나지 않는 삶
그런데도 유연하지가 않다
얼마 안 되는 기쁨조차도 없다
창백하고 지루한 번뇌만 어디서나 강렬하다
온힘을 오직
너
한테만 기울여서
빛은 비치는 곳에서만 빛나는 건가
걸음마다 놓인 위험은 어떻게 될까
캄캄하다
난폭하지만 짧았으면

좀더 완고해져야 될까
인내력이라도 생겼으면

검정 바탕에 검정 꽃무늬 원피스는 환희도 없이

흔들린다는 것은 인간적이다
그러나
인간적인 것에 혐의가 있다
아직도 안정을 못 찾는다는 것은
부끄러운 일이다
죄다
위험이다
부디 조용히 죄와 밀접히 결합되어져 그 죄에 잘
어울리는 양심으로 살고 싶다
워커힐 호텔 커피숍에서 내려다 본
한강 물이 내 감각의 흐름처럼
도도하지가 못하다
흠과 주름위로 네가 지나간다
건강하지?
너 만날 때 입을 거라고 사 놓은
검정 바탕에 검정 꽃무늬 원피스가

환희도 없이
차츰 희미해진다
더욱
쓸쓸한 생활이 즐거워진다
넓은 들판에서 행복과 희망을 본다
나는
인간적인 것을 볼 뿐이다

정성껏 모시겠습니다

유토피아에서 이민 온 사람들
"안 받아주면 모두 자결하겠다."
전쟁놀이인데 한 숫자가 다른 한 숫자를
때려잡는 놀이입니다
어느 쪽이 최후 승리를 거두는가요?

오세요
면적이 좁게 보이긴 하겠지만
39평형 아파트거든요
번들번들 해놓은 건 없지만
게으름을 은폐하기 위해 꾀병을 피우면서
게으른 생활을 동경하며 내 마음대로 소비할 수 있는
일하는 시간
잠자는 시간
식사하는 시간이 있습니다

유토피아에서 이민 온 사람들
"안 받아주면 모두 자결하겠다."

숱한 일꾼을 계속 고용하여 일을 시켜야 꼴을 겨우 유지해 나갈 수 있습니다
 헐렁한 작업복은 한 벌 가지고 적어도 7년을 견뎌야 하고 전국을 통해 겉옷
 빛깔도 통일되어 있는데 그 빛깔은 자연색 그대로입니다
 구걸하러 다니는 거지 떼
 무너지고 낡고 황폐한 집
 '무엇' 때문에 지도자들에게 실망을 주는 자가 생기며 억지로 끌려가 더 나쁜 곳으로
 이송되기도 하고…… 그래요?

 오세요
 면적이 좁긴 하지만
 마음을 해방시키고 발전시킬 수 있는 시간을 최대한 제공할 테니까요

 나의 가정假定이 유토피아에서는 엄연한 사실로 나타나 있습니까?

나와 부처의 차이점

사납고 거칠고 개차반
깡패 악질
시기 질투 모략 간사
난
이런 걸 씹어야 살맛이 난다니까
책꽂이에 꽂힌 《금강경》이
여러분
남을 살피려는 생각을 가지고 있어야
복을 받습니다
참회하고
양보하고
봉사하고 …
이래야
세계는 지상극락이 됩니다

그런데
오늘
아침 신문에도 부처님은

안 계시더라
나만 득실대더라

정연한 6월 오전

6월이구나
깨끗한 물과 준비되어 있는 미풍은
여자의 친절 같다
기거하는 주택 내에
시누대 잎이 약간의 차이는 있으나
대개가 번갈아 미풍에 살랑이고
6월
좌우편은 자유기분이 감돈다
가만히 눈을 감는다
잡힐 듯 네가 있다
마음속 한 밑창에 어떤 비보를 간직하고 있었는지
이제는 더욱 알 길이 없다
하긴 무엇 때문에 알 필요가 있겠는가?
희생은 이루어지고… 일은 끝났는데
구부러지고 말라빠진 노목의 나뭇잎은
점점 작아지고 성글어간다
그러나
그 푸르름에는 변화가 없다

6월
담화는 너무 엄숙하지도 않고 활발치 못한 것도 아닌데
가끔
아픔을 느낀다

김진희에게

가자
코소보나 가자
호메로스
아이스퀼로스를 데리고
코소보나 가자
가서
망가진 꽃밭에
채송화나 심자

거주지를 옮겨
라파엘 선생 나라로 가자
가서
유혈과 소란을 보자
극빈한 사람들 앞에서
돈 자랑을 좀 하자
그리고
유토피아는
폭풍 풍랑에 몰려 떠내려가고 없다는 기록을 남기자

나는
잠시 묵묵히 생각에 잠긴다
우선 점심요기나 하자
식사를 끝낸 뒤 밖으로 나온 나는
아까 앉았던 그 벤치에 앉는다
고요한 호수 같은 기분 복판에
펑퍼짐한 신간 한 권이 우송되어 왔다
작년 4월을 오늘 또 본다
그러나
오늘은 소나기가 올 거라는 것을 알고 있다

욕심 없는 하루

높은 천태산을 오르는 것도 아니고
하늘의 달을 잡으려는 것도 아니고
그저
삶 속에서 도사린 5월의 땅 속에서
동남으로 흐르는 햇살 한 줌 얻고 싶다
이 속에 취해 깨고 싶지 않다

1996. 6. 16일 밤

메스나
핀셋 음울한 밤
녹슬어 사용할 수 없는 칼날
끊어져 달아난 신끈

반쯤 남은 라면 국물 속에 잠겨있는
파리 한 마리
애증
애증
망가진 진실
무수히 때리는
집중 호우에
내 녹슨 칼날 닦여질까

고독 대담

어떻게 할 것인가?
틀림없이 죽이거나 사로잡는
이 야비한
고독의 추격을
질색이다!
이러한 말을 사용하지 않으면 안 되는
도대체
나는
어찌 돼먹은 인간인가
지금도
여전히 이러한 말없이는 지내지 못하는
나는
너무나 인간적이다

주머니 속에 갖고 있는
세계는 세계가 아니라
말할 수 없는
속박된 법정의 고독이다

그래
죽이고 죽여 보아라
너를
해치울 만한 분격하고 악랄한 의지가 나타나지 않는다
싫증날 정도로 사용되어온 '희생' 같은 것

결국
아무런 목표도 갖지 못하고
나의 눈에는
삼백 리나 되는 고독의 물은 꽃으로 뒤덮이고 말았다

너는
깊어질수록

멀어질수록
꽃이긴 하지만
또한
일종의 혐오와 환멸이다

오월리에 있는 4월

확실한
발걸음으로
이 길을 갈 수 있을까
부드러운 햇볕
나를
반대하지 않을까

오월리에 숨어든
순진한 미소
미궁 속에 헤매고
바위에 부딪히며
너희들
4월이 왔구나

찬란한 개화로
더욱 아름다운
산도화
산철쭉

예술 같은 목적으로
나를
사로잡고

꿈을 꾼다
끊어버리기 어려운
커다란
희열의 순간
머리를 수그리고
시계를 본다
오월리에 4월이 간다

어디로 도망을 갈까
— 시와 시학회 시창작 세미나에 다녀와서

미궁 속이요
수천 길 낭떠러지요
길을 모르겠소
홍예영 씨
내 시는
아무래도
시가 아닌 것 같소
큰일 났소
무슨 말이라도 좋으니 위로 말을 좀 주시구려
홍예영 씨 당신도 나를 물끄러미 바라만 보고 있구려
막강한 산문의 세력으로 명성(?)을 붙이고 싶던
내
시가
이곳 육군사관학교 강당에서
절세의 미인 같은
수려한 시

여러 시인들의 시를 만나면서 내 안에 있는 내 시가 만신창이 죽어가고 있소
　누구 어느 시인의 시에서도 내 시(?) 같은 헛소리는 찾으려야 찾아볼 수가 없소
　외로움을 견딜 수가 없소
　많은 세월
　시를 쓴다고
　바람개비처럼 팔랑거렸소
　시라고 내놓을 수 없는 내 시는
　그야말로 한낱 불쌍한 헛수고나 잠꼬대 같은 것이었소
　부끄러워지오 자꾸 부끄러워지오
　나를 용서해 주시구려
　죄송하오
　만연한 절망에
　온몸이 부서지오

소원이 있다면

 소원이 있다면 기분에 딱 맞아떨어지는 시 한 편 쓰고
싶다
 소원이 있다면 내 작은방 한 칸 있어
 호박 속의 곤충처럼 갇혀
 나비의 날개를 보고 싶다
 S가 사준 오렌지나 까면서
 애인에게(애인도 없지만) 줄 편지나 쓰고
 이리저리 뒤척이며
 성급하게 원하거나 서두르지도 말고
 또 다른 새로운 것에 쫓기지도 말고
 못 견딜 듯한 즐거움 있으면
 발끝으로 춤이나 추며
 자연스러움을 갖고 싶다
 얼마간의 해방은 머리 위를 스쳐 지나가고
 나는
 또 같은 말로 중얼거린다
 아무렇게 해서 살고 싶다

'내일'이 나를 무덤으로 데려다 주는 날까지
아무렇게 해서 살고 싶다

그대 고민스런 밤입니다

나
붉은 오랑캐같이
그대 안에 침투했네
그대
알아차리고
유별난 독립운동가인 듯
길길이 날뛰며
정말
나만 무찌르네
도덕이 떨어지고
윤리가 망가진다고
시종
나만 무찌르네
성스런 그대
도덕스런 그대
아
이것도 심각하게 밤을 새워 고민해야 되는 건지
술도 먹고 담배도 피우며 고개도 떨구어야만 되는 건지

그대를
도덕스럽고
윤리스럽게
일류로 보내야 할 건지
이류로 잊어야 할 건지
삼류로 사랑해야 할 건지
참으로 참으로 추운 밤
나
진짜 골치 아프네
생니가 아파오네
고민해야 되는 건지
고민해야 되는 건지
앓던 이 뽑아
울 넘어 던지고

그대
도덕아 윤리야
나

가네
그대를 잡고
오래도록 놀았네
나는 그대가 시시한 선생 같네
나는
그 유별난 독립운동가가 그립네

영변에 약산 진달래 꽃

서러워
서러워
영변에 약산 진달래가
서러워 못 살겠네
울지 마라
울지 마라 해도
가혹하게 울고 있네
천지에
꽃잎 하나 피 흘리며 울고 있네

사랑이여
이별이여
부질없는 영광이여
다시는 맺지 마라
피지도 마라
시들어
말라
죽을 때

죽더라도
다시는 울지 마라
죽어도 울지 마라

소월은
환상. 드라마틱한 이별 구현
나는
망할 놈 죽일 놈
싸우고 싸우고 밤새워 싸우고……
미친 년
죽일 년
사랑은
끝났네

나는 푸른 시간이 있는 곳을 찾아 간다

당분간 즐길 수 있다
구속은 크고 무겁다
조용하고
귀찮음이 없는 외로움
아직은 가능한 땅을 천천히 휩쓸고 간다
단념할 수 없는 행복이다
무형식無形式에 가장 유리한 빛 쪽으로
물을 주고 기온을 맞춘다
그러나
정말
하루를 살기 위한 소재들에 불과한
보잘 것 없는 행복이었어
오 오 나는 어떠한 행복을 미래에 기대하는 것일까?
  온 세상을 남김없이 두루두루 다니는 무형식無形式을 단념할 수 있는 해방!
  나는
  다시금 불안과 공포에 사로잡혀서 자신에게
  속박을 가하면서 —

속박은 아니다—.
은폐된 장소에서 자라난 야생
들에 핀, 놀라울 만큼 아름다운!
무형식無形式을 단념할 수 있는 해방

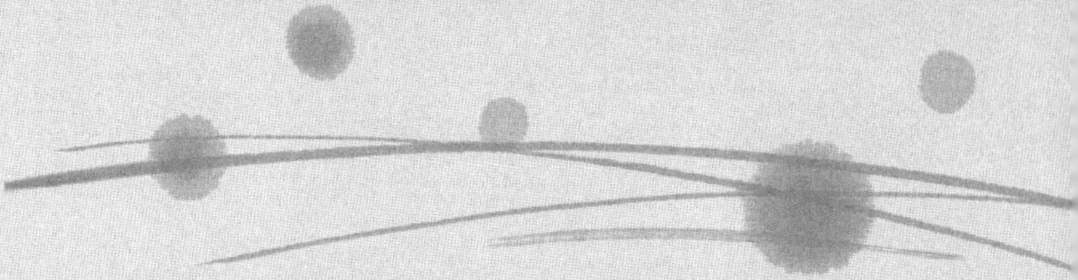

제3부

너는 울었다
햇볕에 탄 일상을 보고

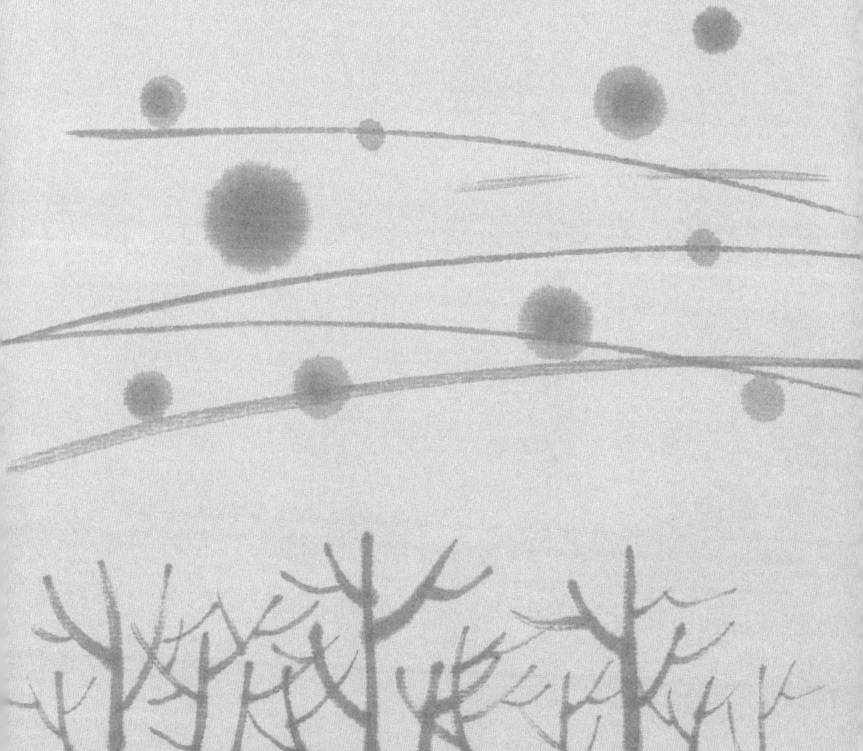

8월의 서슬

축축한 짚단을 깐 진흙 위에서
나는
티푸스에 걸린 환자처럼 사경을 헤매며 의식을 잃고 있다

운명이나 재난에 가능한 한 관심을 두지 않으려고 했다
낭비의 성격을 가진 것으로 보이기 때문에
낭비되고 있다는 기분이 어떤 기분보다도 더 강렬하다

  — 갑자기 한길에서 난폭한 욕설 구경꾼의 웃음소
    리가 터져 나온다
    "사적인 감정은 그만 둬라"
    "이젠 죽여도 돼"
    "깃털 하나쯤 뽑혔다고 내 몸뎅이가 작살나는
    건 아니야"
    "나를 죽이겠다고"
    "누가 죄를 지었는가?"
    "죄인인가 아니면 살인잔가"
    "누가 매를 맞고 있다"

"누군가"
"아니 그렇잖아"
"아니 매 맞는 사람이 누구든 간에 무법적인 사형을 허용해서 안돼"

인생은 나에게 미소를 보낼 때도 있었다
그러나 미소는 때로 눈물보다도 못할 때가 있는 것인가 나는
타는 듯한 입술을 축여주려고 깨진 컵 조각으로 몇 방울의 물을 받는다

걸레 너의 자존심은

소독소
옥시크린
락스를 풀어 넣고
불의 강도를 넣고
시간을 넣고
나는
너를 푹푹 삶아 대기 시작한다
제멋대로 자라 번식한 세균을 죽이고
온갖 얼룩진 때를 제거하고
벽에 비친 햇볕 쪽으로
너의 퀘퀘한 습기도 반듯하게 널어 말리기로 했어
그때
눈부시게 표백된 너를 바라보면
아 참 곱구나
감탄을 기대하며
지루하게 삶았군
그러나
너는

아무리 삶아도
선명치도 단정치도 않는 너덜너덜한 게
차라리
더욱 완강한 네 모습은
오늘의 유토피아 같다

애처롭게 탄원하면
따르는 것만이 아름다운 건 아니지

신앙촌표 담요는 파랗다

아 하
오늘 경향신문 매거진란에 내 운세지수는
분명 32%겠다
죽이다 죽
밥이나 죽이나 그것이 그거다
밥과 죽은 분명 다르다
위로가 안 된다
분수 아시고 잠이나 푹 주무시지
조용히 아주 조용히

내 집에 있는
신앙촌표 담요는 파랗다
파란 바탕에 파란 무늬가 놔졌다

따르릉
여보세요
거기가 김진희 씨 댁인가요?
그렇습니다만

ㅈ출판사 '김' 아무갭니다
아이구 반갑습니다
그간 무고하셨습니까
그런데
이 시간에 전활 다 주시고
웬일입니까?

넓고 시원한 파란 무늬가 있는 신앙촌표 담요는
내 거다

시詩 두 편만 준비해 두세요
청탁서를 보낼 겁니다
정말입니까?
고맙습니다

그쪽 잡지에는 한번 싣고 싶었는데
워낙 힘이 없는지라
무슨 말씀을

김 선생은 시가 좋지 않습니까
우짜면 좋노
내 시詩가 좋다니
이 알토란 같은 말을…

그대가 오늘은 왜 영국신사처럼 보이누
해는 졌다 파랗게
오늘 내 운세지수는 96%쯤 되나봐

모란이 핀 뜰에서

4월
아무래도 설명할 방법에 성공하지 못할 것 같다
감격한 나머지
적선이란 말을 해야겠구나
바람과 햇빛은 장사長沙같이 아름답고 끝없이 풍기는 모란의 여운 귀비貴妃가 앉았는 듯
느끼게 하고 임금의 얼굴에는 웃음이 넘친다

모든 움직임을 끊어 정적인 상황으로 결구를 삼고
나는
아무것도 모르는 체 기어코 간다
너에게로
무슨 파탄의 한도 없이
지금
봄이 무르익는다

나는
누구를
원망하는 것일까

너에게로 가는 길

무죄無罪일 수도 있을까
아무도 모르게
네게로 숨어들 때
안개는 더욱 짙은 덩어리가 되고
가장 밝은 빛과 어두운 그늘이 병존하는
불안이 효과적일 때가 있다
행복은 때때로가 아니라
자주 만져지는 건가
뭔가
아는 듯 알아볼 수 없는 웃음으로 편안하게
나를 감싸주는
너는
복음 같다
침착과 온화함은 불행을 제거한 열애熱愛 같다
나는
자꾸자꾸 간다
네게로
끊임없이 부서서 네 속에 몰아넣는
불가피한

나
무죄의 순위順位는
높은 쪽일까
낮은 쪽일까
주말에 다녀갈게
행복은 때때로가 아니라
자주 만져지는 건가

마술을 부릴 수 있다

너를 생각하며
밥을 먹고
잠을 자고
옷을 입고
거리를 나서고
비를 만나고
바람을 만나고
너를 떠나서 도대체 무얼 할 수 있단 말인가

책 속에도
신문 속에도
전화 속에도
이야기 속에도
어둠 속에도
불빛 속에도
음악 속에도
너는
내 안에서 가득 차 넘치는 명성

너를 생각하며
난
조심스런 아버지
발달에 뒤떨어진 힘
불이 없는 꿈
어디에도
흡수되지 않는
나, 너
까만 얼굴이다
멍청한 낮잠이다
속박된 정신이다

게으른 허무다
되돌아가면
어떨까
네가 없는 곳으로

넌 가까이 있어도

애인아
파란 연둣빛
서울을 한 번 다녀가지 그래
둔탁한 겨울외투에서 해방된 기분으로 말야

거리래 봐야
시간 남짓
지척에 두고
못 올 사람
먼 저승 같다
지루한 신넘 같다

시들어 오그라진 후미진 일몰에
네 웃음
새봄으로
보도 위에 발랄하다

나를 내던져

너를 위해 살까
과감할 줄 모르는
나는 비굴한 정치인 같다
쓸쓸한 밤 같다

나는 거짓말 사기를 잘 칩니다

담배를 피운다
왜 이렇게 우울한가
덩그런 집 속에 거무스름한 연기가 돌기둥처럼 갇혀있다
깡마른 초라한
머리, 눈이 모여 앉아 황토색 그림을 잘 그린다
왜 울고 싶은가
글쎄
말하지 말자
가장 발육이 좋은 삶을 바란다
모든 찬성 모든 반대가 치러야 하는 온갖 지적 희생이
없는 그런 푸른 실 같은 아침을 보고 싶다
침묵을 지킨다는 것
'남아 있을 수' 있기 때문이다
조용히 앉아 겸손을 부린다는 것이 왜 갑자기 역겹고
가증스러운가
"무엇보다도 그대는 어떤 경우에 거짓말이 가장
심한가 하는 것도 그대의 눈으로 똑똑히 보아야 한다"

나는 아홉 달째 미꾸라지 같은 사기를 미덕처럼 껴안고
왔다
능란한 웃음이 살살댄다
끝나지 않는 나머지 삶도
곧
돌아가
지평선의 이동이나 왜곡을
또
배우려고 한다
나는
기진맥진 해어진 웃음을 탁월하게 아홉 달째 잘 사용한다

모가돈

여기가 어디오
여기가 어디더라
글쎄
여기가…
손님
쓸데없이 자꾸 묻지 마세요
그저 안전하게 목적지까지 모셔다 드릴 테니까요
목적지?
안전하게?
내가 어디로 가고 있나
당신은 누구요?
저기 보이는
가느다란 저 사다리 같은 다리는 또 뭐요?
그 다리를 타고 어디로 가는 거요
무서워요 금방 부러질 것 같아 무서워요
다 올라갈 수 있기 때문에 만들어진 것 아니겠습니까
올라갈 수 있다구요?

어떻게요?
무서워요
겁이 나요
정말 부러질 것 같아요
캄캄해요
너무 캄캄해요
불을 좀 켜요
손님
실내등은 주의력을 흐리게 만들어 운전에 방해가 됩니다
그럼 어떡해요 너무 어두운데
시계 소리가 빨라져요
핸드폰 소리에 놀라 내가 야만상태에 빠져요
나를
안심시키는 칭찬소리가 들려요
손님

길이 막혔는데도 참 잘 참고 오셨습니다
안녕히 가세요

* 모가돈_불면이나 불안할 때에 쓰이는 신경안정제

그날 회의장에서

옹호하고 고집할 발언이 없어요
더디더라도 현명한 토의를 하도록 내세울 안건이 없어요
그냥
그 자리에서 생각 내키는 대로
혀가 돌아가는 대로
어리석고 싶어요
딴소리를 하게 되면
남들에게 조심성 없고
근시안적인 인간이라 비난을 받을까봐 겁도 나고요
나에게 요구하는 엄격함과 궁색함에 싫증이 나지 않도록
가끔 과자나 주워 먹으면서
열등한 상태에서 거룩한 기분이 되고 싶어요
"난 말이야 위원들의 자연스런 기질이 없는 이런 회의가 싫어."
J 회사 회의실에서 바라본
화단에 핀 진홍빛 또는 자줏빛 꽃들이 모두 거짓말 같다
번지르르한 대답에 대해서는
침묵할 것을

그리고 앞으로 더 이상 묻지 말 것을
나에게 충고한다

회의를 합시다
하여튼 말이지요 회의를 합시다
세 번의 토의를 거치지 않고도 안건 결정을 할 수 있는 회의를 합시다
사흘에 한 번씩 정기회의를 가지고 필요시에는 언제나 임시회의도 엽시다

너는 울었다 햇볕에 탄 일상을 보고

실례합시다
물 한 대야만 얻읍시다
여긴
물이 귀한데
뭘 하게요

패배의 효과로
5일째
수돗물이
나오지 않아

햇볕에 탄
건초는 인정스럽지가 못해

압제자를 반대하려고
짜낸
고통스러운 눈물 두 방울이
신념은 아니야

물 한 대야만 얻읍시다

한강은
시들어 부서져
향기가 몰락한 화단

여긴
물이 귀한데…

할트만
보들레르는
왜
살았을까

선량한 사람들의 눈이
책망하듯 바라본다

젊고 순결한 마음으로

이해할 수 없을까

멀리
한 가족의 참새 떼가
눈부신 장면으로
패배의 효과를 상승시킨다

아는 사람이 없다

하늘에 구름이
내 결점을 드러낸다
네 생각으로 장애를 받는 6월 22일
벽 같은 하루다
날카로운 눈과 귀를 갖고 있어야 하니 마음이 불편하다
언제나
희미한 반쪽에서 시작하는
나는
전체에서 시작하는 것이 왜 위험하다고 생각할까
너를
위해 은혜 같은 계획 한 번 세우지 못하고
정신착란 같은 사랑으로
너
한 번 사로잡지 못하고
열등한 나는 비탄에 빠지고
무수한 눈물이 멈추어지지 않는다
미안타

손상되지 않길 바라마

'나'를 사귀고 사랑하는 것만을 사랑하겠다

내 안에 있는 그대는

한 사람을 갖고 있다
고요한 가을 저녁
나를
방임한 채
제어하지 않고
자유천지를 즐기게 하는
한 사람을 갖고 있다

나는
이 글을 쓴다
그대
천지창조 이래 수천 년이 흘렀지만
우리는 생전 처음 만난 것이다
딱딱한 황회색의 삐걱거리는
모래 …
어디를 보나 끝없는 모래
또 모래!
이 황량한 모래밭 위에서

우리는
만났다
툭 튀어나온 광대뼈를 보드랍게 서로 맞대면
쾌활하고 상냥하게
약속도 했다
무명의 희생이라도 좋다고

그 후
세월이 흘러
내 앞에는 큰 건물이 서고
벽에는 활짝 열어젖힌 넓은 문이 생겼다

그대
이집트의 스핑크스가 얼마나 거대한지
나는
모른다

한 사람을 갖고 있다

아무도 내 무능에 침 뱉지 마라

내가
결정하는 일은 없고
언제나
그가
결정하면
나는
그저 따라만 가면 된다
무조건적 복종은 '무능'의 주인이 되기 위한 좋은 방법이다
나는
원하는 것이 많다
사는 것
더 잘 사는 것 등등…
그러나
이루어진 게 없다
이루어질 수가 없다
오! 건전한 나의 무능

삶은 나에게
너를 선물로 주었다

나는
하루 종일
살았다
그런데
어떻게 살았는지
웃었는지 울었는지
뭐가 뭔지 모르겠다
모르겠다
무감각과
타인에의 의지의 복종으로 삶을 이용하고 있다
인격을 버리고
멍청한
더 깊숙한 멍청
무능으로 빠져 들고 싶다

모른다
아무것도
나는
모른다
희열이다

꽃을 찾는 사람은

흰 원숭이가 얼어 있는 추운 날 시름 때문에 꽃을 찾습니다
장사壯士 같은 슬픔이 가슴을 부수어 놓습니다
슬픔이 손수건을 젖게 합니다
당신 있어
해와 달 있고
맑은 피 심장을 돌고
나 저절로 살았는데
여기서
한 번 나누어지면
흔적은
당신
어떤 마음인가요
후일
줄 정情이라면
지금
돌아와 저 지는 해 같이 바라보지요
당신은

손을 휘저으면
드디어 떠나가고

 나는 이따금 내 심정과는 반대되는 행동을 하고 싶을 때가 있다

절망한 것도 무리가 아니다

피리를 부르고 있지만
아무도 춤을 추려고 하지 않는다
우습기도 하고 애처롭기도 한 정열을 일으킨다
절망한 것도 무리가 아니다
참다참다 못해 나는
고래고래 소리 질러
옷의 구멍 같은
쓰디쓴 삶을 거짓말로 둘러싼다
삶은 쓰디쓰고 잔인한 것이 되었는가?
진지해지는 것이 고통임을 너무 잘 알았고
거짓말과 사기를 삼가는 것이 어렵게 되었다
이를 보고 때때로 절망한 것은 무리가 아니다
나에게
중요한 것은 빛처럼 비춰오는
좋은 것 중간쯤 되는 것 나쁜 것을 낳고 있지만
날카로운 단련된 판단
포기하고 선택하고 결합한다

버리거나 가려내거나 변경시키거나 정돈할 때에도 지칠 줄 모르는
나는
대단한 노력가다

버릇이다

슬픈 드라마를 보면서 자연스럽게
눈물을 흘리는 것은 버릇이다
차가운 공허가 낮잠을 방해하는 것도 버릇이다
시詩를 만나고 너를 사랑하는 것밖엔
내겐
무의미하다
생일이라구?
네 곁에 있고 싶은 날이다
실컷 지겹도록 봤으면
헛소리를 잘하는 것도
오랜 전통 같은 버릇이다
출렁이는 한강을 보면서
풍요를 느끼는 것도
월요일 오후면 인사동을 나가는 것도
여전히 해온 경건한 버릇이다
아침엔 꼭 밥을 먹어야 하는 것도
이미자의 동백아가씨를 듣는 일도
정성이 담긴 버릇이다

늘 있어온 일상 같은 버릇들에서
진심으로 자유로워지고 싶은 사람도 있다
자연적 감각권感覺圈
무수히 즐기다가 나는 이에
지칠 때도 있다

삶의 에센스

왜 자꾸 아프다 하는가
희미하게나마 깨달은 것은 훨씬 후의 일 —
최근의 일이 — 었다
닭고기의 연한 부분에 대한
꿈의 착각
나를
너무 깊이 행복하게 만들었던 연한 닭고기의 맛
뼈는 억세고 단단하다는 것쯤도 알아둬야지

무엇이 즐거운 소리인가
크리스마스트리를 꾸며 본다
나지막한 음악소리에 애써 소박해지려고 한다
아이들을 불러
감자전을 부쳐 주고 같이 먹으면서
따뜻한 밤과
아이들의 웃음을 소중하게 받아들인다
TV를 보면서 아이들은 눈에 띄게 평온하고
나는

온전히 마음을 붙잡는다
닭뼈는 억세고 단단하다는
유사한 절망도
함께
둔다

가짜 기억

정말 그랬다
나는
빨갛고 커다란 꽃잎인 칸나였다
천길 굵게 날뛰는 말이었다
어루만지고 웃고 울던
짓고 부수어 내 것으로 작살내고 싶었던
시와 그림과 음악이 늘 있었다
아
그러나 지금은 적막하다
무겁고 무섭다
정말
나는 아무것도 아닌 것인가?
어차피
'아무것'이란 지향하는 목표나 목적은 없었기 때문에 홀가분하다

그러나
아버지
나는

이러지도 저러지도 못한 채 이게 뭡니까?
너무 보잘 것 없지 않아요
어느 하나
미쳐보지 못하고
미쳐야 할 내가
미치지 못하고 감춰 두어야 했던 쓰라림은 여전히 적막하네요

언니야
오늘은 어떻게 지냈니
보내 준
꽃과
편지와
분홍색 스카프를 들여다보면서
웃기도 하다가

고맙기도 하다가
끝내는 쓸쓸했어
적막했어

당신이 좋다

당신이 좋다
열등한
나를 무엇이 이토록 아름답게 하는가
힘센 충동을 부르는
당신이 좋다

땀을 흘리며 날뛰는
말도
기수도
떨리는 무릎 아득한 옛날 같아도
무정견無定見한
일요일 낮 같은
당신이 좋다

누가 봐도
온건한
희열
환희는

커다란 웃음을 머금고
온다
당신이 좋다

서로
낯설지 않아
부끄러워할 필요가 없는
호의
감사
당신이 나를 아름답게 한다
당신이 좋다

나는 압구정동 656-3번지로 가는 길을 모른다

얽히고설킨 가시덤불이 있는 길에서
화학자처럼 생긴 여자를 만나고
구름 같은 개떼가 공포처럼 웅성이고
거기엔
네가
흡사 영웅이나 정복자와 다를 것이 없이 용맹심으로
버티고 서 있다
너는 나의 마음을 불룩 부풀린다
길이 지워져 있다
부산 수정동을 가는 길도
압구정동을 가는 길도
어리광을 부리던 전화선도
모두가 엉망이다
그런데 나는
대담무쌍하게
민첩하고 즐겁고 자신만만하게
이 길을 가려고 했어

예전에 그 길은 평소에 늘 다닌 길이었기 때문에
싱겁다는 예감이 가슴을 짓눌러
생의 의욕이 부글부글 끓어오르는 과도한 기분에
나는 몸을 흔들며 웃어댔다
꿈이었다
길이 없는 꿈은
행복하다
나는 압구정동 656-3번지로 가는 길을 모른다

화해

애태우며 가슴 조이는 순간이 있지만 찡그리지 않겠음
파악되지 않지만
당신을 보내지 않겠음
가만히 앉았음
싱긋 웃으며
나방이처럼 어여쁜 눈썹을 바라봄
문짝이 빙글 돌아 저 혼자 닫힘
갑자기
배 멀미를 하는 기분이 듦
응급조치로
가만히 누워봄
누그러질 기색이 보임
곧 일어나
꽃을 위해 풀을 뽑아 줌
점심을 먹고 나서 두 시간 쉬고 다시 이 시를 씀
 내가 할 일은 당신의 소리가 보다 잘 들리도록 노력하는 일임

창문을 열어젖힘
해가 지고 있음
당신을 기다리며 저녁식사를 준비함
당신
식사를 하자고 손을 끌어당김